친구 잘 사귀는 법

멋진 친구, 좋은 친구가 되고 싶다!
친구 잘 사귀는 법

초판 1쇄 발행 2022년 3월 17일
　　 5쇄 발행 2023년 11월 20일

글 류윤환
그림 경자

펴낸이 고영은 박미숙
펴낸곳 뜨인돌출판(주) | 출판등록 1994.10.11.(제406-251002011000185호)
주소 10881 경기도 파주시 회동길 337-9
홈페이지 www.ddstone.com | 블로그 blog.naver.com/ddstone1994
페이스북 www.facebook.com/ddstone1994 | 인스타그램 @ddstone_books
대표전화 02-337-5252 | 팩스 031-947-5868

ⓒ 2022 류윤환, 경자

ISBN 978-89-5807-888-3　73190

어린이제품안전특별법에 의한 제품표시
제조자명 뜨인돌출판(주) **제조국명** 대한민국 **사용연령** 8세 이상

✿ 멋진 친구, 좋은 친구가 되고 싶다! ✿

친구 잘 사귀는 법

류윤환 글 | 경자 그림

뜨인돌어린이

친구들, 안녕하세요. 저는 학교에서 여러분과 같은 친구들을 가르치고 있는 류윤환 선생님입니다.

여러분은 친구 때문에 속상해서 학교 가기 싫은 적이 있었나요? 친구와 관계가 틀어져서 힘든 적은요? 친하게 지내고 싶은 친구가 있는데 어떻게 해야 하나 고민했던 적은 없나요?

초등학생 시기는 친구의 존재가 점점 커지는 시기입니다. 때로는 친구가 전부이기도 합니다. 친구가 미울 때도 있고 친구 덕분에 행복하다고 느낄 때도 있습니다. 친구와 멀어질까 걱정되기도 하고 친구가 나를 싫어하는 건 아닌지 고민을 하기도 합니다. 친구랑 사귀고 싶으면서도 어떻게 사귀는지 모르기도 합니다. 또 이런 고민들을 쉽게 꺼내기도 어려워합니다. 그래서 친구에 대한 고민도 많아지지요.

선생님은 학교에서 '친구 관계'로 많은 상담을 합니다. 상담을 통해 얻은 교훈 중 하나는 친구 관계에는 정답이 없다는 것입니다. 왜냐하면 같은 문제도 어느 상황에서 누가 겪느냐에 따라서 다른 해결책이 있을 수 있기 때문입니다. 그래서 함께 고민하고 노력하는 것이 중요합니다.

여러분의 고민을 해결해 주는 절대적인 방법은 아닐지라도 많은 학생에게 적용할 수 있는 일반적인 방법을 소개할까 합니다. 주인공들이 겪는 갈등, 고민하는 문제들, 선생님이 소개한 조언을 참고하여 여러분의 상황에 맞게 활용하길 바랍니다.

관계의 성장통을 잘 이겨 내어 현명하고 지혜롭게 친구 잘 사귀는 여러분이 되길 응원합니다.

류윤환

등장인물 : 소희와 친구들

약간 소심하나 착하고 친구들에게 관심이 많다. 단짝 친구 다솜이를 통해 새 친구들을 많이 사귀면서 최근 친구 관계에 대한 고민이 많아졌다. 고양이를 정말 좋아한다.

소희가 마음을 열고 이야기할 수 있는 친구다. 초등학교 1학년 때 민규가 사는 아파트에 이사를 왔다. 아이돌을 좋아하고 항상 밝고 씩씩하다. 아이, 어른을 막론하고 편하게 대화를 한다.

다솜이 공식 남사친. 민규네 윗집이 다솜이네다. 층간 소음 문제로 다솜이와 자주 마주치다가 어느새 친해졌다. 리더십, 정의감이 있고 어렸을 때 알았던 정우를 다시 만나 내심 기쁘다.

혼자 있는 게 익숙하다. 친한 사람하고만 친하고 다른 사람들과는 데면데면하다. 몇 년 만에 다시 만난 민규와 학교생활을 하는 게 좋으면서도, 이전과는 달라진 상황들이 불편하다. 처음 보면 살짝, 아니 많이 시크하다.

: 주변 인물들

류쌤

아이들의 고민 상담에 쫑긋 귀 기울이는 선생님. 친구한테 어떻게 행동하면 좋을지 궁금증이 일어날 때, 꼬이고 꼬인 친구 문제로 고민거리들이 생겨날 때 선생님을 만나면 술술 풀린다.

재연

전학생. 자기주장이 강하고 브랜드를 좋아한다. 매일 같은 옷만 입고 다니는 정우를 무시하면서도 주목받는 일이 생길 때 정우를 의식한다.

정우 엄마

집안 사정이 어려워지고 난 후 친구(민규 엄마)의 제안으로 민규네 집 근처로 이사를 온다. 정우 아빠와는 잠시 별거 중이다.

민규 엄마

정우 엄마 고향 베스트 프렌드. 정우 엄마와 비밀이 없는 사이다. 정우네 속사정을 알고 난 후 정우와 정우 엄마를 더욱 특별히 대한다.

야옹이

소희가 돌보는 길고양이.

작가의 말 - 류윤환

① 우리 처음 만난 날
② 성격이 달라
③ 호감을 얻고 싶다
④ 거절하고 싶을 때
⑤ 잘난 척 대장
⑥ 뭔가가 서운해
⑦ 너만 보면 경쟁심이
⑧ 진짜 괜찮은 거야?

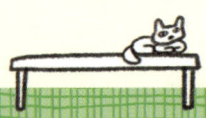

⑨ 우리가 몰랐던 정우 이야기

⑩ 정우야, 정우야

⑪ 배신이야!

⑫ 베스트 프렌드

⑬ 친구 사귀는 법

⑭ 그래서… 다행이다

⑮ 화해

⑯ 크리스마스에 온 편지

에필로그 - 다시 시작하는 우리

작가의 말 - 경자

① 우리 처음 만난 날

위잉

개학 날 건강한
모습으로 만나요.
-뜨인초등학교-

★ 류 쌤 상담실 ♡

〝 첫 만남이 어색한 건 당연해! 〞

대부분의 학생은 새 학기 새 친구를 만날 때 어색해해.
어떻게 하면 첫 만남을 잘 만들어 갈 수 있을지,
새 친구와 잘 지낼 수 있을지 고민도 하고 말이야.
어른도 누구나 첫 만남은 어색하기 마련이란다.
첫 만남을 두려워하지 말고 이렇게 연습해 보는 건 어떨까?

❝ 자연스럽고 편안한 마음 가지기 ❞

먼저 심호흡을 해 볼까? 어색함과 두려운 마음을 이겨 내 보는 거야. 하나, 둘, 셋 숫자를 세며 숨을 천천히 들이마셨다가 천천히 내뱉어 보렴. 움츠렸던 몸과 마음이 조금씩 편안해질 거야.

❝ 가벼운 질문 묻고 답하기 ❞

다송아 방학 잘 보냈어?

마음이 편안해졌다면 이제는 친구와 대화할 수 있는 질문들을 생각해 보자. 하루 일과가 어떤지, 준비물을 챙겨 왔는지 조금씩 이야기를 나누다 보면 공통 관심사를 찾을 수 있을지도 몰라. 이야기를 나누다 반대로 친구가 나에 대해 물어볼 수도 있어. 그럼 당황하지 말고 할 수 있는 만큼! 딱 그만큼 내 소개를 해 보는 거야.

★ 류 쌤 상담실 ♥

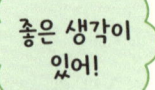

유독 눈이 가는 친구가 있어요.
그 친구에게 다가가는 게 좋을까요?
아니면 지켜보는 게 좋을까요?

좋은 생각이 있어!

〝 자연스러운 관계를 맺어 봐! 〞

눈이 가는 친구라. 마음에 드는 친구?
아니면 그냥 눈에 띄는 친구?
아무튼 이럴 땐 서두르지 않는 게 좋을 거 같구나.
서두르다 보면 예상치 못한 실수를 할 수도 있거든.
먼저 그 친구를 지켜보는 건 어떨까?
그러다 친구와 이야기할 수 있는 기회가 왔을 때
이렇게 해 보는 거야.

" 진짜 마음을 담아 칭찬하기 "

친구를 지켜보면서 내가 느꼈던 좋은 점을 진심으로 말해 보는 거야. 칭찬은 고래도 춤을 추게 한다는 말이 있는 거 알지? 칭찬하다 보면 경계심이라는 벽이 슬슬 낮아지는 마법 같은 일이 일어날지도 몰라.

" 다양한 방법으로 친근함 표현하기 "

바로 누군가와 이야기를 나누는 게 무척 힘든 친구들이 있을 수 있어. 그럴 땐 다른 방법으로 마음을 표현해 봐. 바닥에 떨어진 친구의 지우개를 주워 주거나, 친구에게 내 물건을 빌려주기 등 그 친구를 도와주면서 친근감을 전해 보렴.

② 성격이 달라

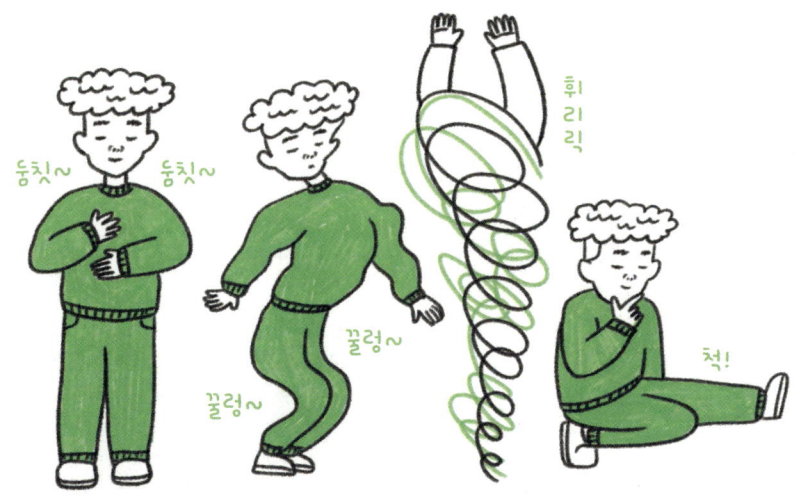

★ 류 쌤 상담실 ♥

비슷한 성격을 가진 친구, 다른 성격을 가진 친구도 보여요. 성격이 많이 다른 친구들을 어떻게 대해야 할까요?

좋은 생각이 있어!

❝ 나와 다른 사람은 정말 많아! ❞

교실은 다양한 사람들이 존재하는 곳이야.
교실 밖에서는 내가 원하는 사람들만
만날 수 있을지 모르지만, 교실 안에서는 피할 수 없는
관계를 맺어야 하는 경우가 종종 있어.
이럴 땐 먼저 나를 알아보고, 나와 다른 사람이 있다는 걸
인정하는 것에서부터 시작하는 거야.

내 성격 나타내 보기

먼저 내 성격을 정확히 알아보자. 잘 모르겠다면 부모님이나 가까운 친구들에게 내 성격을 물어보는 거야. 내 성격을 정확히 알면 나와 비슷한 친구에 대해서 좀 더 알기 쉬워지거든.

★ 나의 성격은…

나와 다른 친구를 찾아보기

나를 알았다면 이번엔 나와 성격이 다른 친구가 누군지 생각해 봐. 그리고 그 친구가 무엇을 잘하는지 어떤 것을 좋아하는지 자세히 살펴보렴. 모든 성격에는 좋은 점과 배울 점이 있거든.

★ 류 쌤 상담실 ♥

〝 억지로 바꾸지 않아도 돼 〞

모든 성격엔 장단점이 있어.
그러니 성격을 억지로 바꿀 필요는 없단다.
다만 어떤 친구와 함께 있을 때 네 마음이 좋은지
한번 생각해 보는 건 어때?
심각하고 중요한 이야기를 나눌 때에는 소극적인 친구가,
여러 사람과 활동을 할 때에는
적극적인 친구가 좋을 수도 있거든.

😊 소극적인 친구가 좋을 때 적어 보기 😊

소극적인 친구가 언제 좋은지 함께 적어 볼까? 말하기 어려운 고민이 있을 때, 나만 알고 싶은 이야기가 있을 때, 또 어떨 때 좋을까?

소극적인 친구의 좋은점

😊 적극적인 친구가 좋을 때 적어 보기 😊

적극적인 친구가 언제 좋은지 함께 적어 볼까? 여러 친구들이 모인 자리에서 어색해할 때, 처음 가는 곳에 아는 친구가 없을 때, 또 어떨 때 좋을까?

적극적인 친구의 좋은점

호감을 얻고 싶다

★ 류 쌤 상담실 ♥

🞎 진심으로 공감해 보는 건 어때? 🞏

인기가 많다는 건 주변에 친구들이 많다는 것이지.
여러 가지 비결들이 있지만, 선생님 생각에
마음을 잘 공감해 주는 게 아주 멋진 비결이라고 생각해.
기쁜 마음을 가진 친구와 함께 기뻐할 줄 알고,
슬픈 마음을 가진 친구와 함께 슬퍼할 줄 아는
마음씨를 가진 친구라면 인기는 저절로 따라올 거야.

〝 신체 언어 연습하기 〞

친구가 기쁠 때, 슬플 때, 속상할 때, 억울할 때, 행복할 때 나는 어떤 표정을 지어야 할까? 거울 속 내 모습을 관찰해 보면서 몸짓, 손짓, 표정 등 신체 동작으로 의사나 감정을 표현해 보는 거야.

〝 공감하는 표현을 사용하며 대화하기 〞

친구와 대화를 할 때, 내가 주도적으로 말을 하기보다 친구의 말을 듣고 공감하며 대화를 해 봐. 주의 깊게 듣기, 마음 알아주기 등을 통해 친구와 내가 같은 편이라는 마음을 가질 수 있게 말이야.

★ 류 쌤 상담실 ♥

> 친구들에게 인정받는 비결이 있을까요?

> 선생님이 알려 줄게!

〝 친구에게 인정받는 비결은 〞

공부, 운동, 노래, 춤처럼 무언가를 잘해서
친구들에게 인정받는 경우도 좋지만,
선생님 생각에는 말이야. 친구에게 인정받는 제일 좋은 방법은
'믿음'을 주는 거야. 어떻게 하면 친구에게
나에 대한 믿음을 줄 수 있는지 한번 알아볼까?

『 자신감 있는 목소리로 말하기 』

목소리는 내면의 힘이라고 해. 친구와 수다를 떨 때는 물론이고 발표를 할 때에 자신감 있는 목소리는 중요해. 특히 발표할 때 말이야. 목소리에 힘을 넣어서 저 멀리 있는 친구도 잘 들리게 말한다면 넌! 충분히 인정받을 수 있을 거야.

내 이름은 이민규야.

『 모둠 활동을 할 때 최선을 다하기 』

모둠 활동을 할 때 다양한 역할이 있어. 이끔이, 기록이, 깔끔이 등. 네가 맡은 역할이 무엇이든 그 일에 책임감을 가지고 수행한다면 아마도 친구들이 너를 인정할 수밖에 없을걸?

기록이

④ 거절하고 싶을 때

점토를 빌려 달라니…
나중에 갚는다는 걸까…?
물을까 말까… 어떻게 해야 어색하지 않을까…
민아가 기분 나빠하면 어쩌지?

☆ 류 쌤 상담실 ♡

❝ 친구를 너무 의식하는 건 아닐까? ❞

거절하기를 힘들어하는구나. 맞아, 거절하기는 쉽지 않아.
뭔가 내가 거절하면 관계가 안 좋아질 것만 같고,
상대방이 싫어할 것만 같은 그런 느낌이 들지.
상대방을 위하지 못한다는 생각에 거절이 힘든 것 같아.
그렇지만 친구만 생각하는 건 바람직하지 않아.
친구가 아닌 너를 중심에 두고 생각해 보는 건 어떨까?

" 나와 친구 사이 균형 잡기 "

상대방 부탁만 생각하는 건 좋지 않아. 관계는 쌍방향으로 이루어져 있어. 일방적으로 한쪽만 생각하는 건 좋은 친구 관계가 아니란다. 건강한 친구 관계는 서로를 생각하고 배려하며 균형이 잡혀 있어야 해.

" 내가 할 수 있는 만큼만 하기 "

관계는 서로 좋아야 더 좋은 거야. 거절을 하지 못해 스스로 할 수 없는 것까지 하게 돼서 마음이 힘들어지면 나중에는 친구를 미워하게 될 수도 있어. 힘들어하면서까지 상대방을 위해 애쓰지 않아도 되니깐 마음 깊이 울리는 소리에 귀 기울여 봐.

★ 류 쌤 상담실 ♥

❝ 잘 거절하는 방법을 연습해 보자! ❞

거절은 필요할 땐 해야 해.
그리고 현명하게, 지혜롭게 거절하는 것도 중요하단다.
무조건 좋다고 하는 예스맨은 결국 지치기 마련이거든.
내 입장과 처지를 고려하며!
상대방을 생각하며! 대화를 하다 보면
점점 현명하게 거절하는 법을 알게 될 거야.

" 거절하는 상황을 이야기하기 "

점토가 부족해서 빌려주지 못할 것 같아.

거절을 할 수밖에 없는 이유를 말해 볼까? 그냥 거절만 한다면 오해가 쌓일 수 있어. 거절을 할 수밖에 없는 내 상황이나 거절 이유를 좀 더 명확하게 나눠 보자. 친구도 네 상황을 이해할 거야.

" 배려심 있는 말로 거절하기 "

상대방이 기분 나쁘지 않게 거절하는 법을 알아볼까? 딱 잘라 "아니!"라고 거절하지 말고, 상대방을 배려하면서 부드러운 말하기를 해 보는 거야. 상대방의 감정을 고려하면서 말이야.

점토가 많이 부족해? 그런데 보다시피 나도 점토가 충분하지 않아서, 오늘은 빌려주기 어려울 것 같아. 미안해. 다음에 준비물 넉넉히 가지고 오면 그때 꼭 빌려줄게.

⑤ 잘난 척 대장

★ 류 쌤 상담실 ♥

어떤 친구가 점점 미워져요. 어떻게 하면 좋을까요?

이렇게 해 보는 건 어떨까?

" 미움 역시 자연스러운 감정인 거야 "

먼저 미움이란 감정을 자연스럽게 받아들여 보는 건 어떨까?
기쁨, 화남, 슬픔, 즐거움, 미움, 질투 등
사람은 여러 가지 감정을 가지고 있단다.
이때 부정적인 감정을 가만히 두지 말고
왜 내가 그런 감정을 느끼는지 생각해 보는 거야.
마음을 찬찬히 들여다보는 거지.

『 다양한 감정 찾기 』

누군가 미워질 때 느끼는 감정은 여러 가지가 있어. 아래 감정들을 보면서 누군가가 미울 때 느낄 수 있는 감정들을 찾아 색칠을 해 보는 거야. 나는 어떤 기분을 자주 느끼는지, 왜 그 감정을 느끼는지도 생각해 보면서 말이야.

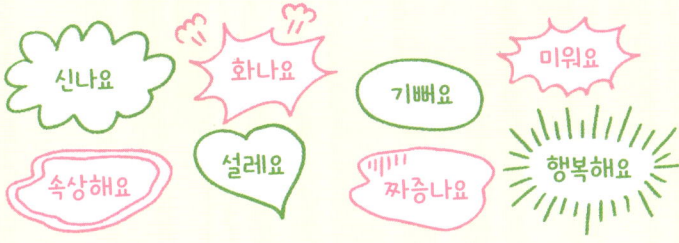

★ 내가 자주 느끼는 감정과 이유

『 부정적인 감정 다스리기 』

미움의 감정을 느끼는 것은 자연스럽지만, 갑자기 부정적인 감정을 바로 표현하는 것은 올바르지 않아. 부정적인 감정이 불쑥 들었을 때 차분히 숫자를 세며 잠시 멈추어 봐. 마음이 진정되면 다음 행동을 생각하고 행동해 보자.

★ 류 쌤 상담실 ♥

> 잘난 척, 있는 척, 아는 척!
> 상대방을 불편하게 하는 친구들
> 어떻게 하면 좋을까요?

> 좋은 생각이 있어!

〝 잘못된 행동을 알려 주는 건 어떨까? 〞

몇 해 전 초등학교 친구들에게 설문 조사를 했는데,
또래 친구들 사이에서 '잘난 척'하는 친구가
가장 싫다는 통계가 나왔다고 하는구나.
잘난 척, 있는 척, 아는 척, 못난 행동 척척척!
상대방을 불편하게 하는 행동을 자꾸 반복하는 친구에게
그 부분을 지혜롭게 알려 주는 건 어떨까?

〝 지금 상황에 대해 생각해 보기 〞

내가 좀 잘나긴 했지.

~척, ~척, ~척하는 친구들 행동이 너무 거슬리고 불편하다고? 그럼 먼저 상황을 바라보면서 나 스스로에게 질문해 보는 거야. '지금 이 상황이 왜 불편한 걸까?' '친구의 어떤 부분이 나에게 상처가 되는 걸까'를 곰곰이 따져 보는 거야.

〝 친구에게 고칠 기회를 주자 〞

잘난 척, 있는 척, 아는 척하는 친구들 중에는 자신의 행동에 무엇이 잘못되었는지 모르는 경우가 많아. 혹시 알더라도 주변 친구들이 어느 정도로 불편해하는지 정확히 알 수는 없을 거야. 만약 친구의 못난 행동을 진심으로 도와주고 싶다면 이렇게 해 보는 거야. 직접 말하는 것도 좋고 편지를 써도 좋아. 더 좋은 아이디어를 찾고 싶다면 담임 선생님께 도움을 요청해 보자.

재연이에게.

뭔가가 서운해

★ 류 쌤 상담실 ♥

" 오랜 친구라고 방심은 금물 "

친구가 너의 모든 것을 이해한다고
생각하는 건 위험한 생각이야. 부모님도 형제, 자매도
너의 모든 것을 이해해 주지 못하거든.
그래도 아직 마음이 풀리지 않는다고?
그렇다면 서운한 감정이 사라지지 않는 이유를
곰곰이 되짚어 보는 건 어떨까?

" 서운한 마음이 드는 이유 찾기 "

우선 친구의 어떤 말과 행동이 나를 속상하게 했는지 찾아야 해. 주로 비슷한 상황에서 속상함을 느꼈을 거야. 서운한 마음이 들었던 상황을 검은색 펜으로 일기처럼 적어 보렴. 상황을 다 적었으면, 다시 읽어 보면서 나는 왜 서운함이 들었는지, 친구가 어떻게 해 주길 바랐는지 빨간색 펜으로 적어 보는 거야. 그래야 친구에게 잘 전달할 수 있고, 문제를 해결할 수 있어. 마지막으로 '친구는 내가 서운하다는 것을 알까?'를 다시 생각해 보렴. '진짜 내 마음'을 모르는 경우가 의외로 많거든.

★ 류 쌤 상담실 ♥

66 연습하면서 용기를 키우는 거야! 99

나의 생각과 마음을 잘 표현할 수 있게
소통 연습을 해 보는 거야.
69쪽에 쓴 비밀 일기장을 보면서 속상했던
상황과 그 이유를, 친구가 앞에 있다고 생각하고
연습해 보자. 용기 내어 첫걸음만 떼면!
오랜 친구이기에 말하기가 더 쉬워질 거야.

" 소통 연습하기 "

혼자 있는 공간에서 소통 연습을 할 수 있는 사물을 찾아보자. 인형도 좋고 로봇도 좋아. 녹음할 수 있는 도구가 주변에 있다면 실제로 친구에게 이야기하듯 연습도 해 보는 거야. 내가 어떻게 말하는지 들어 보고, 친구가 내 이야기를 들었을 때 어떠한 기분이 들지도 상상해 보면서 말이야. 만약 사물로 소통 연습하는 게 힘든 친구가 있다면 아래 그림을 보면서 빈칸에 민규가 정우에게 말하고 싶은 말들을 자유롭게 적어 보면서 연습하는 것도 좋아.

⑦ 너만 보면 경쟁심이

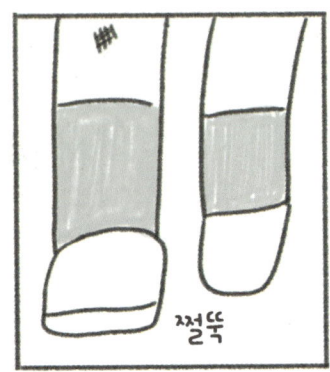

★ 류 쌤 상담실 ♥

> 💬 **어떨 때 시기와 질투를 느끼는지 살펴보는 건 어때?** 💬

친구의 어떤 모습에서 시기와 질투를 느끼니?
너보다 무엇을 잘하는 모습을 볼 때?
인기가 많은 모습을 볼 때? 시험 점수가 높을 때?
적절한 시기와 질투는 네게 자극을 주어 도움이 되기도 해.
하지만 너무 심한 시기와 질투는 위험할 수 있다는 거 알고 있지?

〝 적절한 자극으로 받아들이기 〞

친구에게 시기와 질투를 느낀다는 건 친구의 장점을 나도 갖추고 싶다는 뜻이기도 해. 자꾸 자극이 되어 불편하게 느껴지는 부분을 나쁜 감정으로만 바라보지 말고 긍정적으로 생각해 보는 건 어떨까? 친구의 부러운 점을 적어 보고, 나도 그런 면을 가지려면 어떻게 하면 좋을지 생각해 보자.

〝 나만의 강점 4가지 적어 보기 〞

남들보다 뛰어난 나만의 강점 4가지를 떠올려서 적어 보자. 4가지가 어려우면 2가지도 좋아. 강점보다 약점에 치우칠수록 시기심과 질투심이 더 잘 생기는 법! 나만의 강점을 꼭, 꼭, 꼭, 생각해 보자고!

★ 나의 강점 4가지

1. ～～～～～～～～～～～～～～～
2. ～～～～～～～～～～～～～～～
3. ～～～～～～～～～～～～～～～
4. ～～～～～～～～～～～～～～～

★ 류 쌤 상담실 ♥

> 제가 그냥 궁금해서 그런데요. 어떤 상황을 "따돌림"이라고 말하나요?

> 선생님 말에 귀 기울여 볼래?

> ❝ 나쁜 의도로 누군가를 소외시킨다면 그건 따돌림이 아닐까? ❞

사전에 나와 있는 표현으로 "따돌림"은 두 사람 이상이 집단을 이루어 특정인을 소외시켜 해를 가하는 행위를 뜻해. '왕따'라는 말 들어 봤니? '왕 따돌림'의 준말인데 쉽게 말하면 몇 명의 친구들이 누군가를 소외시키는 걸 말한단다. 혹시 재연이 네가 하는 건 아니지?

〝 나도 모르게 따돌림을? 〞

따돌림이 나쁘다는 건 누구나 다 알아. 그런데 나도 모르게 따돌리고 있는 경우가 있어. 마음 맞는 친구들이 모여서 다른 친구를 작고 사소하게 제외하는 경우가 종종 있는데, 이런 것도 전부 따돌림이야.

〝 방관자도 가해자와 같아 〞

가해자는 해를 끼친 사람이고, 피해자는 피해를 당한 사람이야. 그런데 여기 또 다른 나쁜 사람이 있어. 바로 방관자야. 방관자는 어떤 일에 직접 나서서 관여하지 않고 곁에서 보기만 하는 사람을 말해. 나쁘다는 걸 알면서도 모르는 척하는 사람. 어쩌면 방관자는 가해자 중 한 사람이라고 말할 수 있을지도 몰라.

⑧ 진짜 괜찮은 거야?

🌟 류 쌤 상담실 💗

💬 용기를 내어 하고 싶은 말을 생각해 봐! 💬

속마음을 나누고 싶니? 그럼 먼저 용기를 내 보는 거야.
그런 다음 어떤 속마음을 나누고 싶은지 천천히 생각해 보는 거야.
머릿속으로 이런 이야기를 하고 싶다 생각해 볼 수도 있고,
일기를 쓰는 형식으로 길게 줄글을 쓸 수도 있고,
마인드맵 형식으로 단어를 짧게 나열하는 방법 등
속마음을 정리하는 법을 여러 가지 찾아보는 거야.

" 씽킹 마인드맵 그려 보기 "

털어놓고 싶은 이야기가 무엇인지 가운데 적어 보자. 공부? 관계? 학원? 외모? 성적? 그리고 길게 가지를 뻗어 나가며 속마음과 연관된 단어를 떠올려 봐. 그다음으로 앞에 적은 단어와 구체적으로 연결된 단어를 적으며 스스로의 마음을 점검해 보는 거야.

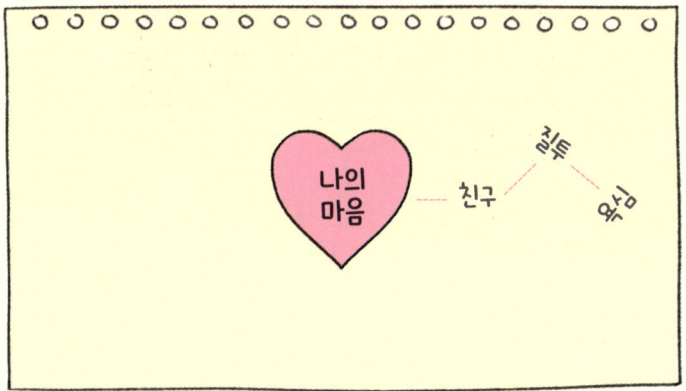

" 속마음이 잘 드러나게 표현해 보기 "

위에 적은 단어들을 보면서 친구에게 털어놓고 싶은 말을 아주 솔직하고 진실되게 써 보렴. 연결된 단어들이 문장으로 변하는 순간 털어놓고 싶은 이야기들이 질서 있게 정리가 되기도 해.

★ 류 쌤 상담실 ♥

저에 대해 나쁜 말을 들었어요.

선생님 말에 귀 기울여 볼래?

〝 넌 소중한 존재야! 〞

누군가 너에게 그렇게 나쁜 말을 했다고?
너는 감정의 쓰레기통이 아닌 것 알고 있지?
친구가 자신의 감정을 마구 쏟아부을 때
그것을 다 참고 견뎌야 하는 존재가 아니란다.
이 문제는 반드시 해결해야 하고 친구가 반성하고
뉘우쳐야 함을 강력하게 말하고 싶구나.

"분명히 밝히자!"

친구의 말 때문에 네가 상처받았다는 것을 친구에게 설명해 줘야 해. 말하지 않으면 친구는 너를 더욱 함부로 대하고 자기가 편한 대로 말하게 되거든. 너의 입장을 분명히 밝혀 봐!

"고운 말을 할 수 있도록 도와주자"

상처 주는 말은 결국 자기 자신에게 상처가 된다는 사실을 그 친구에게 알려 주면 어떨까? 내 입으로 뾰족한 말이 나가면서 내가 가장 먼저 귀로 듣게 되기 때문이야. 상처 주는 말, 나쁜 말을 하지 않고 바르고 고운 말을 할 수 있도록 옆에서 끊임없이 알려 주자. 이렇게 노력했는데도 친구가 계속 상처 주는 말을 한다면, 선생님이나 부모님께 말씀드려서 도움을 받아야 해.

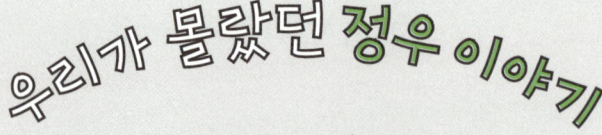

류 쌤 상담실

❝ 친구의 비밀을 지켜 줘야 해 ❞

속마음을 나눈다는 건 어쩌면 친구가 너를 많이 의지하고
믿는다는 것으로 볼 수 있어. 중요한 건
친구가 비밀을 털어놓았을 때 친구의 비밀을 지키는 게 좋아.
친구가 남에게 자기 이야기를 말하는 걸
허락해 주기 전까지 말이야. '이거 비밀인데–'라며 친구 모르게
다른 누군가에게 이야기를 전달하는 순간,
결국 속마음을 나눈 친구 마음이 많이 아플 수도 있거든.

" 친구의 마음을 공감해 주기 "

혹시 예상치 못한 순간에 친구의 고민 이야기를 들었니? 그럼 친구 입장이 되어서 친구 마음을 공감해 보는 거야. 먼저 무언가 말하기 전에 친구의 힘든 마음, 속상한 마음, 어려운 마음을 함께 느껴 보렴.

" 있는 모습 그대로 받아 주기 "

내 곁에 있는 친구 모습을 있는 그대로를 받아 주는 태도는 '친구 관계'에서 매우 중요하다고 생각해. 외모가 예뻐서도 아니고, 말을 잘해서도 아니고, 마음씨가 예뻐서도 아닌, 그 모습 그 자체로 내 친구를 존중하고 대하는 거지.

★ 류쌤 상담실 ♥

❝ 친구의 고민을 함께 고민해 주기 ❞

친구가 마음을 더 열었다면 문제를 함께 해결해 보자고 제안해 보는 건 어떨까? 혼자 이겨 내기 어려운 문제를 함께라면 수월하게 해낼 수도 있거든. 서로 머리를 모아, 방법을 찾아보고 힘을 합해 해결해 보자.

★ 친구의 고민

★ 해결 방법

내가 생각하는 진정한 친구란?

진정한 친구란 무엇인지 생각해 본 적 있니? '진정한 친구'에 대한 정의는 사람마다 다를 수 있어. 한 번쯤 내가 생각하는 '진정한 친구'의 의미를 생각해 보렴. 지금까지 만났던 친구, 지금 내 곁에 있는 친구, 앞으로 만나고 싶은 친구를 떠올리며 스스로 정의를 내려 보는 거야.

♥ 진정한 친구란…

⑩ 정우야, 정우야

★ 류 쌤 상담실 ♥

❝ 놀리는 건 좋지 않아 ❞

친구 이름을 가지고 놀린다거나,
누구누구랑 사귄다고 놀린다거나,
겉모습을 보고 놀린다거나,
누구든 친구를 놀려 본 경험이 있을 거야.
선생님도 아주 어렸을 때 장난이 무척 심했던 것 같기도 하다.
하지만 잊지 말아야 할 사실! 재미로 한 작은 장난이
누군가에게는 큰 상처가 될 수 있단다.

" 놀림당하는 친구 되어 보기 "

소희 입장이 되어 역할극을 해 보자. 2~3명 짝을 이룬 후 역할을 정하고 직접 연기를 해 보는 거야. 서로 역할을 바꿔 보면서 누군가를 놀리거나, 누군가에게 놀림당하는 상황을 체험해 보자.

 소희 역할 :

 재연 역할 :

친구 역할 :

★ 류 쌤 상담실 ♥

66 친구 입장에서 생각해 보자 99

네게 친절하게 다가오는 친구가 부담스러웠나 보구나.
정우의 속마음을 듣고 나서 소희가 정우와
더 친해졌다고 생각한 거 같은데,
소희 마음을 한번 생각해 보는 건 어떨까?
너랑 친해지고 싶은 이유가 있을 수도 있고, 혹은 여러 상황상
네게 다가가려고 하는 이유도 있을 수도 있으니까.

〞 적당한 거리가 필요하다면? 〞

친구 관계에는 적당한 거리가 필요할 때도 있어. 난로로 비유를 들자면 너무 가까우면 타 버리고, 너무 멀면 춥기 마련이지. 어떤 친구가 너무 부담스럽다면 태도와 행동을 갑자기 바꾸기보다 친구와 나 사이의 안전거리를 점검해 보는 건 어떨까?

 ←········ 너와 나의 안전거리 ········→

〞 안정 범위 정하기 〞

편안함/보통/불편함 세 단계로 경계를 나누어 봐. 다음으로 친구와 나 사이에서 편하게 느끼는 부분과 절대로 나누고 싶지 않은 부분들을 정해 보자. 어떤 부분에 나나 친구가 예민한지 살펴보는 것도 좋겠다. '불편함'에 해당되는 상황까지 가지 않을 수 있게 말이야.

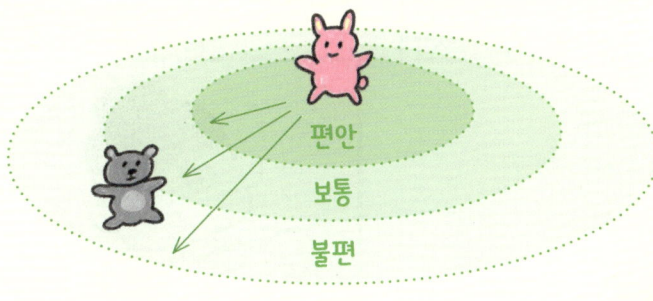

⑪ 배신이야!

★ 류 쌤 상담실 ♥

친구가 배신을 한 것 같아요.

이렇게 해 보는 건 어떨까?

❝ 배신이란 뜻을 알아보자 ❞

'배신'이란 믿음이나 의리를 저버리는 걸 말해.
평소에 그렇지 않은 친구가 조금 다르게 대한다면…
이건 신중하게 접근해야겠다.
친구 태도가 변한 데에는 어떤 이유가 있을 거 같거든.
친구 얼굴 표정, 말투, 나눴던 대화를 잘 떠올려
보면서 친구를 관찰해 보는 건 어떨까?
진짜 배신인지 아닌지 알아보면서 말이야.

" 친구 관찰하기 "

소희가 다솜이를 이전과는 다르게 대하는 장면이야. 소희가 다솜이에게 왜 이런 행동을 보이는지 일일 탐정이 되어 추측해 보자.

★ 소희가 그런 이유
~~~~~~~~~~~~~~~~~~~~~~~~~~~~~~
~~~~~~~~~~~~~~~~~~~~~~~~~~~~~~

★ 그렇게 생각하는 단서
~~~~~~~~~~~~~~~~~~~~~~~~~~~~~~
~~~~~~~~~~~~~~~~~~~~~~~~~~~~~~

★ 류 쌤 상담실 ♥

66 친구는 내 것이 아니란다 99

내가 어떤 친구를 좋아한다고 해서 '그 친구가 나를 좋아해야만 한다, 다른 친구를 사귀면 안 된다'는 생각은 친구 관계를 불안정하게 만드는 지름길이 될 수 있어. 친구는 내 것이 아니라는 점을 분명히 해야 해. 누구누구의 친구로 서로 가깝게 지낼 수는 있겠지만, 소유할 수 있는 대상은 아니라는 점! 꼭 기억해 줘.

관계는 언제나 변할 수 있어

친구 사이가 멀어진 것 같니? 오해가 생긴 거라면 풀어야 하고, 내가 잘못한 거라면 사과하는 건 어때? 멀어졌던 관계가 다시 회복되어서 이전보다 더 단단해질 수도 있거든. 그런데 특별한 이유 없이 멀어지거나 내 잘못이 아닌데도 서로 서먹해지는 경우가 있어. 관계는 좋은 쪽으로 변하기도 하고 그 반대로 변하기도 해. 그러니 친구 관계가 변한다는 걸 부정적으로 받아들이기보다 자연스러운 현상으로 받아들이면 좋겠구나.

좋아하는 마음에 너무 집착하지 않기

가깝게 지내던 친구가 계속 나하고만 친하게 지내야 한다는 법은 없단다. 제일 친한 친구는 삶의 구간마다 바뀔 수도 있어. 이건 자연스러운 일이야. 결코 배신이 아니야. 우정을 쉽게 여기는 것도 아니야. 학년이 올라가면서 친구와 다른 반이 되면 이전보다 멀어지게 되고, 같은 반이 된 새 친구와 새롭게 깊은 우정을 나누게 되는 경험을 해 봤을 거야. 그러니 친구 관계는 언제든 변할 수 있다는 건강한 생각을 가지렴. 그리고 이건 어른이 되어서도 꼭 기억해야 해. 친구와 잘 지내고 싶고 친구를 좋아하는 마음은 알겠지만, 내 방식대로 친구를 소유하거나, 통제하고픈 마음, 행동은 NO, NO! 누군가에게 '집착'하는 마음이 점점 커지면 단짝 친구가 부담을 느낄 수 있거든. 그러면 오히려 가까웠던 관계가 더 어색해지고 멀어질 수 있어.

⑫ 베스트 프렌드

★ 류 쌤 상담실 ♥

〝 자연스럽게 생길 거야 〞

베스트 프렌드가 꼭 필요하지는 않지만
선생님이 교실에서 친구들을 보면 베스트 프렌드는
자연스럽게 생기는 것 같아. 어떤 친구와 자주 이야기하고
시간을 많이 보내다 보면 좀 더 친한 친구가 되더라.
중고등학교, 어른이 돼서도
서로가 서로에게 베스트 프렌드가 되어 준다면…
그건 정말 멋진 일이겠지?

내 베스트 프렌드를 소개합니다!

지금 너의 곁에 가장 소중한 친구가 있니? 꼭 사람이 아니어도 괜찮아.
네 곁에 있는 소중한 베스트 프렌드를 소개해 봐.

♥ 소중한 내 친구 ♥

★ 류 쌤 상담실 ♥

" 베스트 프렌드 이상형 적어 보기 "

아래 친구들 중에서 나는 어떤 친구를 좋아하는지, 어떤 친구와 친하게 지내고 싶은지 한번 적어 볼래? 이유도 함께 말이야.

소희 민규 정우 다솜

♥ 친하게 지내고 싶은 친구 ♥

〝 어떤 친구가 되고 싶은지 적어 보기 〞

반대로 나는 어떤 친구가 되고 싶을까? 이야기를 잘 들어 주는 친구, 웃음을 주는 친구, 밥을 잘 먹는 친구, 도움을 잘 주는 친구, 배려를 잘해 주는 친구 등 내가 되고 싶은 멋진 '베스트 프렌드' 모습을 적어 보자.

♥ 나는 이런 친구가 되고 싶어 ♥

⑬ 친구 사귀는 법

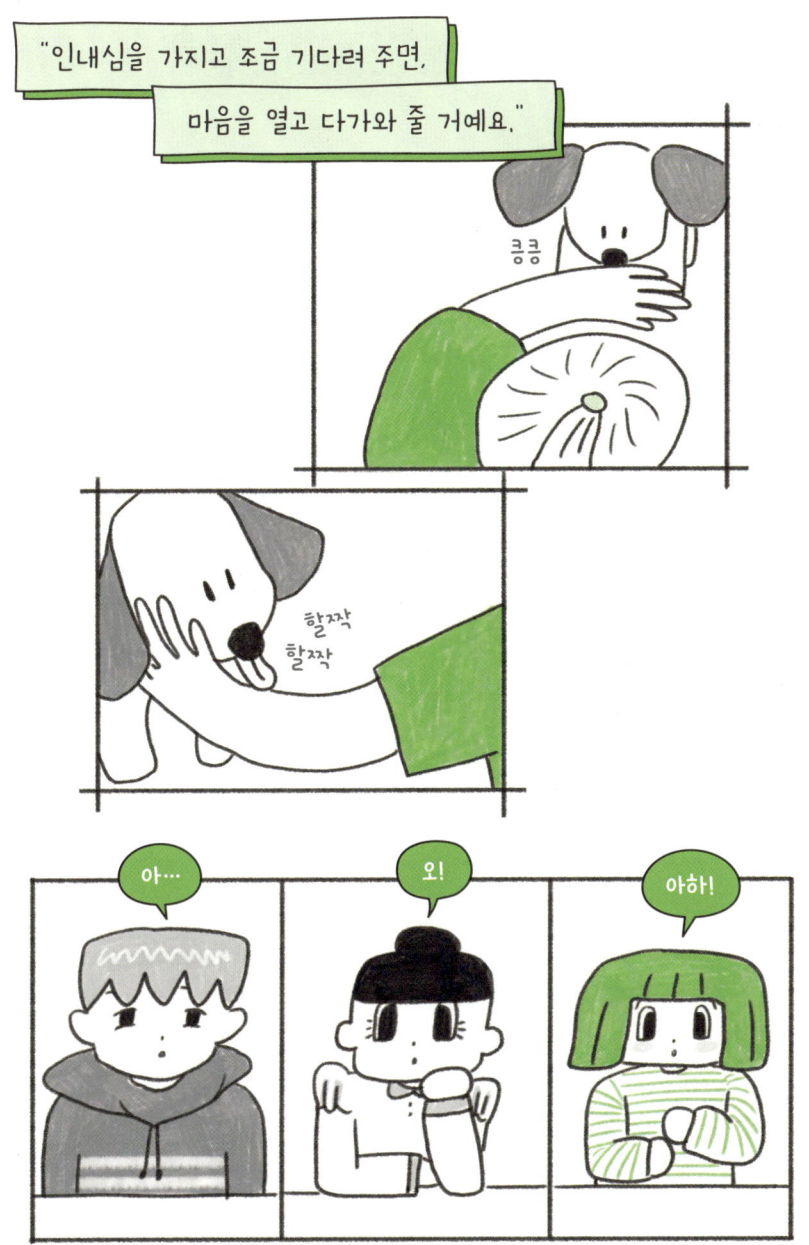

류 쌤 상담실

> **" 잘못을 깨닫는 그 순간을 꽉 붙잡아 "**

나의 잘못된 행동이나 생각을 알게 되어서 당황스러웠니?
어떻게 해야 할지 고민이 되었니?
진짜 좋은 친구가 되고 싶다면
내가 잘못했던 점을 고치고
더 나은 모습이 되길 바라는 마음을 꽉 붙잡는 거야.

" 잠시 멈춰 생각하기 "

무조건 잘못했다고 말하기보다, 급하게 무언가를 해 주려고 나서기보다 잠시 멈춰 생각해 보는 거야. '친구에게 무슨 사정이 있을까? 그때 내 행동이 정말 잘못된 것일까? 나 혼자만 그렇게 생각하는 것은 아닐까?'처럼 나의 잘못을 되짚어 보는 시간을 잠시 가져 보자.

생각하는 시간을 더 갖고 싶다면, 아래 글귀를 따라 써 보는 것도 좋아.

★ 류 쌤 상담실 ♥

" 친구의 상황을 먼저 헤아려 볼까? "

네 마음을 나누는 것도 중요하지만
먼저 이 이야기를 듣게 되는 상대방의 마음을
헤아려 보는 건 어떨까? '좋은 친구'가 되고 싶다고
무작정 내 잘못만 급하게 다루다가
예상치 못한 상황으로 흘러갈 수도 있거든.

" 타이밍 정하기 "

친구에게 다가가기 전에 속마음을 편하게 나눌 수 있는 타이밍을 알아봐. 진지하고 깊이 있는 내용이라면 단둘이 대화하는 게 더 나을 수도 있거든. 네 마음의 이야기를 충분히 나누면서 서로의 이야기에 깊이 집중할 수 있는 베스트 타이밍을 찾아보자. 그러고 나서 친구 상황을 살펴보며 대화를 시도해 보는 거야. 먼저 말을 건네도 좋고 핸드폰이 있는 친구는 메시지를 활용하는 것도 좋은 방법이 되겠다. 무심히 지나가다 손 편지를 슬쩍 건네는 방법도 괜찮은 거 같은데!

그래서… 다행이다

★ 류 쌤 상담실 ♥

> 시간이 필요하다는 것, 기다린다는 건 무슨 의미일까요?

> 선생님 말에 귀 기울여 볼래?

" 신뢰를 쌓아 갈 시간이 필요해 "

친구는 일방적이지 않고 쌍방향이라는 것 알고 있지?
함께한다는 것은 나만 생각하는 게 아니라,
상대방도 함께 생각하는 것을 말해.
나와 친구, 둘 모두 중요한 거란다.
친구 관계를 맺는 주인공 모두가 서로를 존중하고 배려하는,
건강한 모습을 가지려면! 때로는 기다림의 시간이
꼭 필요하다는 걸 알게 될 거야.

〝 내가 할 수 있는 건 뭘까? 〞

누구를 기다려 주는 건 지루하고 어려운 일이 될 수도 있어. 하지만 서로를 위해 꼭 필요한 시간이라면 그 기간 동안 내가 할 수 있는 것들을 떠올려 보며 그 시간을 잘 보내 보자. 나 스스로를 위한 시간을 가질 수도 있고, 친구를 위한 시간을 가지면서 말이야.

〝 친구에 대한 믿음 키우기 〞

친구를 정말 소중히 아낀다면 상대방에 대한 믿음을 가지고 친구 입장을 좀 더 생각해 보는 거야. 왜 친구에게 기다림의 시간이 필요한지, 상대방 마음이 어떠한지 조심스럽게 살펴보면서 말이야. 친구와 다시 편하게 마주하는 날이 올 거라는 믿음을 가지면서 잘 기다려 보자.

화해

류 쌤 상담실

> **화해의 시작은 잘못을 인정하는 것부터**

가장 먼저 할 일은 잘못을 인정하는 거야.
다툼은 의견이나 이해의 대립으로 서로 따지는 일을 말해.
친구가 먼저 잘못을 했거나 더 큰 잘못을 했을지라도
네 잘못이 있을 수 있어.
서로가 자신의 잘못을 사실 그대로 인정하고
받아들이는 것에서부터 화해는 시작된단다.

　　" 화해 이후도 중요해 "

잘못을 인정하고 사과하는 것으로 끝나면 안 돼. 좋은 감정을 계속 이어 가려면 앞으로 어떻게 하겠다는 노력도 필요해. 이번과 같은 다툼이 벌어지지 않으려면 어떻게 하면 좋을지, 혹 다툼이 벌어진다면 어떻게 할지 서로 이야기해 보렴. 내가 먼저 대안을 제시해도 좋고, 친구와 머리를 맞대고 고민해도 좋아.

　　" 실수 반복하지 않기 "

대안을 마련했다면 지키겠다는 의지와 함께 마음을 단단히 다져 보렴. 약속을 가벼이 여겨서 같은 실수를 하고 다툼이 반복된다면 신뢰는 깨지기 쉬워. 하지만 실수를 반복하지 않고 친구와 한 약속을 잘 지키려 힘쓰다 보면, 비 온 뒤에 땅이 더 단단하게 굳어지는 것처럼 너희의 관계는 더 단단해질 거야.

★ 류 쌤 상담실 ♥

조금씩 관계가 회복된 것 같아요. 우리는 성장한 걸까요?

선생님 이야기를 들어 볼래?

모든 경험은 너를 성장시킨단다

그럼, 성장했고 말고.
큰 경험은 물론 아주 사소하고 작은 경험 등
모든 경험은 너를 성장시킨단다.
더군다나 10대들은 작은 사춘기 시기를 지나며
정말 빨리 성장을 하지.
그래서 여러 다양한 경험을 하는 것은 아주 중요하단다.

〝 경험으로부터 감사한 점 생각하기 〞

모든 경험은 감사한 점이 있단다. 아주 신나고 좋은 경험에서뿐 아니라 싫고 힘들었던 경험에서도 감사할 거리가 있지. 이번 경험을 통해 네가 얻은 감사한 점을 생각해 보렴.

 소희의 감사한 점

〝 경험으로부터 반성할 점 생각하기 〞

마찬가지로 모든 경험은 반성할 점이 있어. 너의 말과 행동을 돌아보면서 부족한 점이나 아쉬운 점을 떠올려 보는 거야. 반성은 다음에 비슷한 경험을 만났을 때 더 좋은 결과를 만들어 낼 수 있단다.

 정우의 반성할 점

⑯ 크리스마스에 온 편지

★ 류 쌤 상담실 ♥

" 다양한 경험을 함께해 봐 "

추억을 남기는 데 제일인 방법은 시간을 함께 보내는 거야.
친구와 시간을 함께 보내며 다양한 경험을 해 보는 거지.
경험이 특별하지 않아도 괜찮아. 친구 집에 놀러 가서 책을 보는 것,
학교 앞 분식집에서 맛있는 간식을 사 먹는 것…
소소하지만 행복한 경험들이 아주 좋은 추억으로 남을 거란다.
지금 정우, 민규가 소희와 다솜이와 만드는 추억처럼 말이야.

" 친구와 버킷 리스트 만들기 "

친구와 함께 경험하고 싶은 목록을 만들어 봐. 사소한 것에서부터 불가능할 것 같은 것까지 자유롭게 다 적어 보자. 버킷 리스트를 만드는 것 자체로도 친구와 좋은 추억을 쌓게 될 거야.

♥ 나의 버킷 리스트 ♥

류쌤 상담실

" 친구와 함께 시간 보내기 "

추억을 만들고 싶은 친구와 많은 시간을 보내 보렴. 추억을 쌓는다는 것은 거창한 게 아니야. 아침에 인사를 나누거나 쉬는 시간에 이야기하는 등 작은 것에서부터 시작할 수 있어.

우리들의 추억 앨범을 만들자!

다시 시작하는 우리

우리 모두 사이좋게 지냈습니다.

…라는 결말은 동화책에서나 가능한 이야기이다.

1년 동안 우리는 많은 게 바뀌었다.

우리는 모두 다른 반이 되었다.

하지만

끝.

작가의 말

그림 작업을 마친 지금, '친구'라는 단어를 떠올려 봅니다. 아직도 떡볶이, 비밀 일기장, 우산 같이 쓰기, 함께 게임하기, 집에 놀러 가기 등이 생생히 떠올라요. 제법 시간이 흘렀고, 친구와 노는 방식도, 나누는 이야기 주제도 꽤나 달라졌지만 아직도 저에게 친구라는 단어가 주는 이미지는 그때에 머물러 있습니다. 그만큼 친구라는 존재가 어린 시절의 저에게 강렬했기 때문이겠죠. 그때만큼 친구가 전부인 시절이 또 있을까요.

학교생활이 늘 즐거운 건 아니었습니다. 친구의 말 한마디에 전전긍긍 밤잠을 못 이룬 적도, 미묘한 표정 변화에 심장이 쿵 떨어진 적도 많았어요. 얼굴 보고 마음을 전하기 어려워 편지로 대신했고, 때론 에라 모르겠다며 아무 일 없다는 듯 억지로 까르르 웃던 적도 있었습니다. 그러나 펄펄 내린 눈에 모든 게 하얗게 덮이듯, 말로 다 설명할 수 없는 시간과 감정들이 우리 관계 위에 차곡차곡 쌓이면서 저는 무럭무럭 성장했고요. 그 시절이 소중하게 남았습니다.

소희의 멋진 학창 시절을 그리며 고맙고 다정했던 친구들이 떠올라 즐거웠습니다. 그리고 많은 분께 감사한 마음이 들었습니다.

친구처럼 늘 저에게 인사이트를 주시는 부모님 감사합니다. 항상 옆에서 든든하게 지지해 주는 강홍구 님에게도 고맙다는 말 전합니다. 저보다 저를 믿고 이 책의 친구가 되어 함께해 준 류효주 편집자님, 이기희 디자이너님 고맙습니다. 마지막으로 "우리 우정 포에버!"라 적은 소희의 익살스러운 글을 바라보며 이 책을 보는 여러분 모두가 자기만의 속도로 멋진 친구, 좋은 친구로 자라나길 응원할게요.

경자